LA BATAILLE DE VERDUN

1916, les Poilus dans l'enfer lunaire des tranchées

Par Romain Parmentier

50MINUTES.fr

LA BATAILLE DE VERDUN

INTRODUCTION

Combat historique de la Première Guerre mondiale, la bataille de Verdun n'en demeure pas moins l'un des plus atroces et des plus inhumains que l'histoire ait connu.

L'assaut est donné le 21 février 1916 vers 7 h 15 par le chef d'état-major allemand Erich von Falkenhayn qui souhaite en finir avec la guerre de position et « saigner à blanc » l'armée française. Depuis novembre 1914, la guerre de mouvement, consistant à avancer le plus loin possible en terre ennemie afin de gagner du terrain, n'est plus d'actualité. Les armées sont bloquées dans des tranchées creusées dans le sol et ni l'une ni l'autre n'arrivent à prendre l'avantage. Le conflit est devenu une guerre de position où chacun défend le secteur qui lui a été attribué.

En lançant une offensive sur Verdun, les Allemands espèrent changer cette situation et remporter la victoire sur l'armée française.

C'est ainsi que Français et Allemands se livrent un combat acharné pendant près de dix mois, combat qui peut décider de l'issue de la guerre. Cependant, contrairement aux attentes allemandes, les soldats français, désormais surnommés « les poilus », résistent avec le soutien de leur général, Philippe Pétain. Dans l'enfer lunaire de Verdun, ils finissent par vaincre les Allemands, mais les pertes sont très importantes, et au final la bataille se révèle être un massacre inutile.

DONNÉES-CLÉS

- **Quand ?** Du 21 février au 19 décembre 1916
- **Où ?** À Verdun (France)
- **Contexte ?** La Première Guerre mondiale (1914-1918)
- **Belligérants ?** La France contre l'Empire allemand
- **Acteurs principaux ?**
    - Philippe Pétain, général français (1856-1951)
    - Erich von Falkenhayn, général allemand (1861-1922)
- **Issue ?** Victoire française
- **Victimes ?**
    - Camp français : environ 146 000 morts ou disparus et 216 000 blessés

◦ Camp allemand : environ 140 000 morts ou
disparus et 196 000 blessés

CONTEXTE POLITIQUE ET SOCIAL

LES PRÉMISSES DE LA PREMIÈRE GUERRE MONDIALE

Loin d'être un événement isolé, la bataille de Verdun s'inscrit dans un contexte militaire bien plus vaste : la Première Guerre mondiale. Ce conflit, appelé par la suite la « Grande Guerre », oppose principalement les empires centraux que sont l'Allemagne et l'Autriche-Hongrie, coalisés au sein de la Triple-Alliance, à la France, au Royaume-Uni et à l'Empire russe, réunis au sein de la Triple-Entente, entre 1914 et 1918. Par la suite, de nombreux pays entrent en guerre par des jeux d'alliances et d'entraide, ce qui confère au conflit un caractère mondial.

BON À SAVOIR

La Triple-Alliance est créée en 1882 et vise à unir l'Allemagne, l'Autriche-Hongrie et l'Italie. Les raisons de ce rassemblement politique sont multiples :

- l'Allemagne désire isoler la France qui se montre de plus en plus hostile depuis la guerre franco-allemande (1870-1871) ;
- l'Autriche-Hongrie y voit l'occasion de se doter d'alliés pour contrer l'expansionnisme russe dans les Balkans ;
- l'Italie veut se montrer plus forte face au colonialisme français.

En réponse à cela, la Triple-Entente a été créée en 1907. Elle rassemble le Royaume-Uni, la Russie et la France et a pour but de contrer la politique expansionniste de l'Allemagne.

Dès le début du conflit, l'Italie décide de quitter la Triple-Alliance, prétextant qu'elle n'a pas été consultée avant la déclaration de guerre de l'Autriche-Hongrie, et se déclare neutre. Cependant, en mai 1915, l'Italie entre en guerre aux côtés des Alliés, signant ainsi la fin de la Triple-Alliance.

En 1914, l'Europe connaît une crise sans précédent qui résulte de plusieurs tensions :

- les rivalités économiques entre les États ;
- les volontés expansionnistes et impérialistes de certains pays ;
- les poussées nationalistes dans les Balkans (péninsule de l'Europe du Sud, délimitée par le Danube, la Save et la Kupa) ;
- le jeu des alliances entre les puissances étatiques.

L'ensemble de ces facteurs ne semble pouvoir déboucher que sur un conflit généralisé. Il ne manque qu'un élément déclencheur pour mettre le feu aux poudres.

Cette étincelle se produit le 28 juin 1914 avec l'assassinat de l'archiduc François-Ferdinand de Habsbourg (1863-1914), héritier du trône d'Autriche, à Sarajevo. Cet attentat témoigne de l'extrême tension régnant à cette époque au sud-est de l'Europe. Territoire continuellement convoité, les Balkans sont le théâtre des rivalités entre les empires austro-hongrois, ottoman (Turquie actuelle) et russe. C'est également là qu'apparaît le nationalisme slave, très présent en Serbie. À l'époque, la Bosnie-Herzégovine – dont Sarajevo est la capitale – est sous domination austro-hongroise, ce qui provoque de vives contestations de la part de la Serbie, qui souhaite en effet l'unification des populations slaves au sein d'un seul État qui, a posteriori, deviendra la Yougoslavie. Très vite, on découvre que l'attentat a été perpétré par un jeune nationaliste serbe de Bosnie, Gavrilo Princip (1894-1918), qui désirait protester contre la présence austro-hongroise dans les Balkans. Acte isolé, l'assassinat est cependant perçu comme le déclencheur de la Première Guerre mondiale, car il est à l'origine de l'activation du mécanisme des alliances.

Les accords passés entre les États (Triple-Alliance et Triple-Entente) font rapidement d'une querelle régionale une guerre généralisée. Une fois la responsabilité serbe reconnue dans l'attentat du 28 juin, l'Empire austro-hongrois lance un ultimatum à la Serbie le 23 juillet. Or la Serbie refuse la collaboration de la police autrichienne dans l'enquête qui vise à retrouver les responsables de l'attentat. En effet, accepter une telle condition remettrait en cause la souveraineté serbe. Les conséquences du refus ne se font pas attendre : le 28 juillet, l'Autriche-Hongrie, forte du soutien de l'Allemagne, déclare la guerre à la Serbie. La Russie, se considérant comme l'État protecteur des Slaves et l'alliée de la Serbie, décrète la mobilisation générale de son armée. L'Allemagne y voit alors l'occasion d'imposer ses intérêts à l'Europe et, par conséquent, déclare la guerre à la Russie le 1er août, en jouant la carte de l'alliance avec l'Autriche.

L'Empire allemand pose ensuite un ultimatum à la France pour s'assurer de sa neutralité, mais celle-ci refuse de s'y plier et commence à se mobiliser. Dès lors, l'Allemagne met au point une stratégie qui repose sur le plan Schlieffen, du nom de son créateur (Alfred, comte von Schlieffen, maréchal allemand, 1833-1913). Ce dernier avait élaboré, entre 1898 et 1905 (c'est-à-dire quelques années après l'alliance franco-russe), une tactique qui visait à attaquer et à battre la France en quelques semaines à peine pour ensuite combattre la Russie, son alliée. Le général en chef de l'armée allemande décide de mettre en application les grands principes du plan et se prépare à lancer une attaque sur la France avant que la Russie n'engage le combat à l'est. Une fois la France vaincue, les troupes allemandes n'auront donc plus qu'à être transférées pour combattre la Russie. Pour atteindre ses objectifs, l'Allemagne lance un ultimatum à la Belgique afin qu'elle puisse faire traverser son armée, mais la Belgique refuse. Alors, le 3 août, l'Allemagne déclare la guerre à la France et attaque la Belgique dès le lendemain. Garant de la neutralité belge, l'Angleterre entre dans le conflit en déclarant la guerre à l'Allemagne.

Alors qu'à l'origine le conflit est essentiellement européen, la recherche d'alliés le transforme au fil du temps en une guerre mondiale.

DE LA GUERRE DE MOUVEMENT À LA GUERRE DES TRANCHÉES

La Première Guerre mondiale se déroule tout d'abord comme n'importe quel conflit, à savoir comme une guerre de mouvement. Les armées qui s'affrontent tentent d'avancer le plus rapidement et le plus loin possible en terres ennemies afin d'accaparer le territoire. L'Allemagne raisonne de cette manière en mettant en œuvre le plan Schlieffen et espère vaincre rapidement la France pour ensuite se retourner contre la Russie. Une victoire sur ces deux ennemis garantirait ainsi l'expansion économique et territoriale de son empire.

C'est dans cette visée que le chef d'état-major allemand, Helmuth Johannes von Moltke (1848-1916) applique le plan de guerre en août 1914 en envahissant la Belgique. Il est alors persuadé que l'armée belge, mal organisée, ne tiendra pas. Or, contrairement aux suppositions, les soldats belges résistent et parviennent à retarder l'offensive allemande pendant huit jours. Ce laps de temps permet aux soldats britanniques et français d'entrer en Belgique pour contrer l'armée allemande. Néanmoins, l'horreur des combats, le manque d'entraînement de l'armée française, sa stratégie militaire vieillissante et une utilisation inadéquate de l'artillerie contraignent progressivement les Alliés à la retraite. L'avancée allemande se poursuit dès lors vers Paris et, le 2 septembre 1914, l'armée ennemie entre dans le département de la Marne, provoquant le transfert du gouvernement français à Bordeaux. Loin de se décourager, le général Joseph Joffre (1852-1931), commandant de l'armée française, ordonne la résistance des troupes dans le secteur de la Marne et lance une contre-attaque.

BON À SAVOIR

La bataille de la Marne a lieu du 6 au 13 septembre 1914 et oppose la France et l'Angleterre à l'Empire allemand. Les Allemands avancent vers Paris selon les modalités du plan Schlieffen. Mais les Français remarquent qu'une partie de l'armée allemande ne se dirige plus vers Paris, mais vers le sud-est en direction de la Marne, offrant son flanc à l'armée française. Le commandement français lance alors une contre-offensive puissante. Afin d'éviter un débordement au nord du front, de nombreux soldats sont envoyés en renfort grâce à des taxis parisiens réquisitionnés pour l'occasion. Après quelques jours de bataille, les Français parviennent à repousser les Allemands, mettant en échec le plan Schlieffen. Le bilan est lourd : environ 80 000 morts du côté français et 250 000 morts ou disparus du côté allemand.

La bataille de la Marne est une victoire pour les Français qui repoussent les Allemands. Progressivement, la ligne de front se stabilise et, face à la puissance du feu et à la violence extrême des combats, les armées s'enterrent. La guerre de mouvement est finie et laisse place à la guerre des tranchées.

LES CONSÉQUENCES SOCIO-ÉCONOMIQUES

Dès le début des combats, la vie quotidienne est bouleversée dans les pays belligérants. La guerre nécessite en effet des forces matérielles et humaines très importantes. En pleine moisson, les Français sont ainsi contraints de rejoindre l'armée. Le secteur industriel est lui aussi déserté. Par conséquent, c'est toute l'activité économique qui tourne au ralenti.

La fin de la guerre de mouvement ne fait qu'accentuer ce bouleversement. Alors qu'elle ne devait durer que quelques mois, la guerre s'enlise dans les tranchées et laisse entrevoir la possibilité d'un conflit beaucoup plus long. Cela provoque d'inévitables conséquences en terme d'approvisionnement : les voies de communication sont réquisitionnées au profit du transport d'armement et de vivres à destination du front, ce qui défavorise fortement le commerce. La guerre touche désormais les différents secteurs de la société. On parle dès lors de guerre totale.

La situation s'avère encore plus critique pour l'Allemagne qui risque l'asphyxie économique. Son économie, largement basée sur le secteur industriel, est en effet dépendante des importations de matières premières. Le secteur de l'agriculture est lui aussi fortement touché et l'Empire allemand ne peut assurer seul sa subsistance. Par ailleurs, les Alliés ne manquent pas d'exploiter la situation en lui imposant un blocus commercial et en empêchant tout pays, même neutre, de lui procurer des matières premières. Cela aura des conséquences néfastes sur la société : voyant leur niveau de vie baisser, les Allemands finiront par contester la guerre. En 1917, le pays évitera de justesse une révolution communiste semblable à celle qui aura lieu en Russie la même année. Pour l'Allemagne, sortir de la guerre devient rapidement une urgence.

En 1917, la crise est totale en Russie. Les soldats envoyés au front manquent d'armes et la situation du pays est catastrophique. La vie coûte de plus en plus cher, empêchant le peuple de se nourrir. Des manifestations et des grèves éclatent à Petrograd (Saint-Pétersbourg) en février, puis s'étendent un peu partout dans le pays. Le peuple se soulève et, au mois de mars, une partie de l'armée se rallie aux ouvriers qui protestent, leur permettant d'obtenir des armes. Impuissant face aux événements qui déchirent son pays, le tsar Nicolas II (1868-1918) abdique en faveur de son frère, qui refuse le trône. Un gouvernement provisoire est alors mis en place. Mais la situation ne s'arrange guère en raison de l'opposition entre le pouvoir bourgeois et populaire. Très vite, le révolutionnaire russe Lénine (1870-1924) relance les hostilités et déclenche l'insurrection d'octobre. Le coup d'État aboutit à la création de la République socialiste fédérative soviétique de Russie et au régime communiste.

VERDUN, UN ENDROIT STRATÉGIQUE POUR L'ALLEMAGNE

Face au risque de crise économique, l'Allemagne comprend qu'elle doit mettre fin au plus vite à la guerre. L'empire cherche donc à négocier la paix selon ses conditions avec plusieurs pays, mais les différentes négociations échouent. Par conséquent, il ne reste plus qu'une solution pour en finir avec le conflit : le continuer et le remporter.

Le général Erich von Falkenhayn, qui remplace Helmuth Johannes von Moltke après l'échec de la bataille de la Marne, établit un plan d'offensive pour le front Ouest dès le mois de décembre 1915. Il s'agit d'imposer à la France une bataille d'usure qui, peu à peu, anéantira ses réserves. Reste à trouver le lieu où un tel combat pourra prendre place : ce sera Verdun.

La ville de Verdun est choisie parce qu'elle constitue un objectif stratégique. Elle est en effet la clé de voûte du front français et possède par ailleurs une valeur sentimentale pour la France qui ne pourra pas se contraindre à l'abandonner. Elle offre de plus de nombreuses opportunités aux Allemands :

- le front français dessine un saillant autour de la ville, ce qui permet à l'armée allemande d'attaquer les flancs ;
- la ville est traversée par la Meuse, qui coupe le champ de bataille en deux, rendant ainsi la défense de la ville plus ardue. Coincée dans la vallée, elle peut être dominée par l'artillerie allemande ;
- une seule ligne de communication permet aux Français l'envoi de ravitaillement, tandis que la zone de Verdun est très bien desservie en voies ferrées du côté allemand, ce qui facilite l'approvisionnement ;
- les forts situés dans la ville ne sont pas assez protégés. Le général Joseph Joffre y a retiré une grande partie de l'artillerie pour d'autres combats.

Par cette attaque, le commandement allemand espère attirer les forces françaises, les écraser et, selon les dires d'Erich von Falkenhayn, « les saigner à blanc » (*Verdun 1916. Actes du colloque international sur la bataille de Verdun (6-7-8 juin 1975)*, Nancy, Association nationale du souvenir de la bataille de Verdun, 1976, p. 55). Une telle opération aurait pour conséquence de mettre à genoux les Français et de les obliger à signer un accord de paix d'après les conditions allemandes. Il ne resterait dès lors que les Britanniques à l'ouest qui ne pourraient pas tenir longtemps.

ACTEURS PRINCIPAUX

PHILIPPE PÉTAIN, GÉNÉRAL FRANÇAIS

Philippe Pétain est un général français qui a officié durant la Grande Guerre. Lorsque le conflit éclate, il enseigne en tant que colonel à l'École de guerre et approche de la retraite. Durant ses leçons, il propose à ses étudiants des théories totalement novatrices : il va à l'encontre des conceptions militaires prévalant jusque-là en refusant la doctrine de l'offensive à outrance selon laquelle la victoire est acquise grâce à l'engagement massif de troupes armées. Il se base sur une idée des plus logiques : « Le feu tue. » (LE NAOUR (Jean-Yves), « Philippe Pétain », in *Dictionnaire de la Grande Guerre*, Paris, Larousse, 2008, p. 346) Il préconise dès lors l'économie des vies humaines et le recours accru à l'artillerie. La violence des combats en 1914 lui donne raison et relance sa carrière militaire. Il est alors nommé général de brigade et ensuite commandant d'un corps d'armée participant à la bataille de la Marne.

L'année 1916 fait basculer le statut de Philippe Pétain. Face à la brutalité de l'offensive allemande, le général Joseph Joffre le désigne pour défendre Verdun, où l'armée française est en mauvaise posture. Philippe Pétain devient alors son sauveur. Il renforce l'unique route de ravitaillement de la ville qui prend le nom de « voie sacrée » et, soucieux du moral des troupes, il organise la rotation des divisions armées. Il se montre proche de ses soldats et n'hésite pas à les encourager, comme le confirme son ordre du jour daté du 9 avril 1916 : « Courage ! On les aura ! » (*ibid.*, p. 348) Son manque de caractère offensif provoque néanmoins son remplacement en mai 1916 par le général Georges Robert Nivelle (1856-1824). Ce dernier repousse progressivement les Allemands et met fin à la bataille en décembre 1916. L'histoire reconnaît toutefois Philippe Pétain comme le véritable vainqueur de Verdun.

Par la suite, le commandement de Philippe Pétain s'étend au groupe d'armées du centre et, en 1917, il prend la tête de l'armée dans son ensemble. Il doit alors faire face aux conséquences de l'échec de Georges Robert Nivelle lors de la bataille du Chemin des Dames et parvient à éviter la dislocation de l'armée française. Soucieux d'économiser le maximum de vies, il décide d'attendre l'arrivée des Américains avant de reprendre les offensives. Après l'armistice de 1918, Philippe Pétain est nommé maréchal de France.

Le Chemin des Dames est une route départementale d'une trentaine de kilomètres située entre l'Aisne et l'Ailette. Le général Georges Robert Nivelle désire y attaquer les Allemands pour gagner du terrain sur l'ennemi. Mais le général allemand Erich Ludendorff (1865-1937) découvre les plans des Français grâce à la capture d'un soldat. Lors de l'assaut, les Allemands se montrent par conséquent très bien préparés et combattent férocement les Français qui refusent d'abandonner. Au final, les Allemands sortent vainqueurs. Les pertes sont nombreuses : on compte environ 40 000 morts du côté français alors que le bilan allemand, moins lourd, s'élève à 21 000 soldats perdus, dont la plupart ont été faits prisonniers.

La carrière de Philippe Pétain ne s'arrête toutefois pas là. Fort de sa popularité, il est rappelé lors de la Seconde Guerre mondiale (1939-1945) et devient ministre de la Guerre puis président du Conseil. L'issue s'avère toutefois moins heureuse. Concluant un armistice avec les Allemands en 1940, il prend la tête du régime de Vichy (capitale de ce qu'il reste de la France) dans la zone de la France libre. Il s'ensuit une collaboration de plus en plus poussée avec le régime nazi incluant la déportation des juifs. En 1945, il est arrêté par les nouvelles autorités françaises et est condamné à mort par la Haute Cour de justice pour trahison. Cette condamnation est toutefois commuée par Charles de Gaulle (homme d'État français, 1890-1970) en détention à vie sur l'île d'Yeu où il décède en 1951.

ERICH VON FALKENHAYN, GÉNÉRAL ALLEMAND

Erich von Falkenhayn est un général allemand qui a pris part à la Première Guerre mondiale. Quand le conflit éclate, il est ministre de la Guerre. Suite à l'échec du général Helmuth Johannes von Moltke lors de la bataille de la Marne en septembre 1914, il prend la tête du haut commandement de l'armée allemande. Erich von Falkenhayn s'illustre alors par plusieurs victoires sur le front Est en 1915. Toutefois, il ne croit plus en une victoire militaire, mais plutôt en une paix politique qui pourrait être conclue après avoir épuisé l'armée ennemie.

C'est dans cette optique qu'il planifie la bataille de Verdun en décembre 1915. Persuadé de l'affaiblissement moral des soldats français, il décide de lancer une guerre d'usure à Verdun. Il souhaite ainsi attirer les forces françaises dans cette zone afin de les anéantir progressivement par des attaques violentes, au mépris de la vie humaine. Malgré une avancée allemande dans les premiers mois de la bataille, l'offensive de Verdun se solde par un échec. La résistance française porte ses fruits et sonne le glas de la carrière d'Erich von Falkenhayn. Ce dernier est remplacé en août 1916 par le général Paul von Hindenburg (1847-1934). Il continue néanmoins la guerre sur le front oriental en commandant un corps d'armée en Roumanie (1916) puis en Palestine (1917-1918). Après la guerre, il rédige ses mémoires et décède en 1922 non loin de Postdam (Allemagne).

ANALYSE DE LA BATAILLE

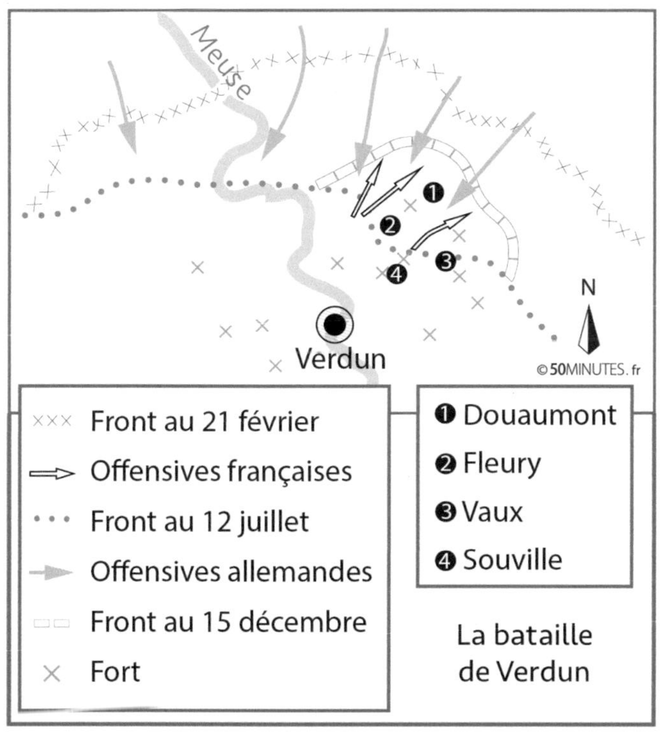

LES PRÉPARATIFS

Au premier abord, la ville fortifiée de Verdun semble très bien défendue, voire imprenable. Elle est entourée de monts et de collines qui bordent la vallée de la Meuse. Pour la protéger, elle dispose de 19 forts et de 19 ouvrages d'infanterie importants. Le plus important d'entre eux est le fort de Douaumont qui culmine à environ 400 mètres d'altitude au nord-est de la ville, du côté de la rive droite de la Meuse. Néanmoins, cette impression de puissance est illusoire. En effet, en août 1915, persuadé que la ville ne ferait pas l'objet d'une attaque, le commandement français décide de retirer des forts près de 200 canons : il n'en reste dès lors plus que 263. Par ailleurs, le nombre des garnisons présentes sur place est également réduit à une dizaine d'hommes.

Du côté allemand, une fois le plan d'Erich von Falkenhayn approuvé, les préparatifs de l'offensive de Verdun commencent. La direction des opérations est attribuée au prince héritier prussien Frédéric-Guillaume (1882-1951), surnommé le *Kronprinz* (« prince héritier » en allemand). L'assaut est initialement prévu le 12 février 1916 et l'on décide de le baptiser *Gericht*, c'est-à-dire le « jugement ». Dans l'optique de cette attaque, 1 225 pièces d'artillerie de toutes sortes sont acheminées à Verdun. Parallèlement, des trains sont chargés de transporter 2 000 000 et demi d'obus. Enfin, 140 000 fantassins sont réquisitionnés et convergent dans le secteur. Cette phase de préparation est délicate. Il faut en effet éviter d'attirer l'attention des Français et garder l'attaque secrète. Les Allemands se rendent ainsi maîtres du ciel afin d'éviter toute reconnaissance française. Seul le temps n'était pas prévu par le commandement allemand. Une tempête retarde ainsi l'attaque de neuf jours. Durant ce laps de temps, il faut maintenir le secret, rester caché et espérer qu'aucun déserteur ne prévienne le camp adverse.

Cependant, ces mesures ne sont pas restées inconnues des Français. En effet, les services de renseignement ont remarqué l'agitation autour de la ville et ont prévenu qu'une attaque était possible. Mais personne n'y croit. Ces avertissements sont pourtant corroborés par les soldats français postés à Verdun qui entendent chaque jour les préparatifs émanant de l'autre côté du front. Prenant ses précautions, le général Joseph Joffre envoie tout de même deux divisions, mais les soldats sont mal préparés et n'imaginent pas l'enfer qu'ils s'apprêtent à vivre. Le 20 février, un déserteur alsacien prévient les Français que l'attaque est prévue pour le lendemain, mais il n'est pas pris au sérieux. Il faudra attendre quelques jours pour que le général Joseph Joffre prenne conscience que la bataille de Verdun sera décisive.

DANS L'ENFER DES CANONS

À l'aube du 21 février 1916, les Allemands sont guidés par une idée simple : « L'artillerie conquiert, l'infanterie occupe. » (*Verdun 1916. Actes du colloque international sur la bataille de Verdun (6-7-8 juin 1975)*, p. 81) Cette dernière est certes formulée par Philippe Pétain, mais il n'empêche que c'est désormais le mode de penser qui guide les différentes armées belligérantes, à commencer par les Allemands. En utilisant les canons à outrance, l'Allemagne espère épuiser les forces françaises et dégager la route de Verdun. Aux environs de 7 h 15, un canon de marine situé à trente kilomètres derrière les lignes allemandes lance le premier obus, qui atterrit dans la cour de l'évêché de Verdun. Ce coup de canon marque le début d'un bombardement continu et à volonté durant plus de neuf heures. C'est du jamais vu dans l'histoire militaire, d'autant plus que la zone d'attaque ne s'étend que sur une dizaine de kilomètres. Une guerre matérielle et sauvage débute jusqu'à ce que tout paraisse mort. Le paysage entourant Verdun se métamorphose en une journée. Les bois aux alentours sont pulvérisés par les obus. Les tranchées sont défoncées et les barbelés déchiquetés. Les survivants, lorsqu'il en reste, sont réduits à l'état de folie par les bombardements incessants. Et pour cause, ce sont plus d'un million d'obus qui tombent le premier jour.

Après l'artillerie, c'est l'infanterie allemande qui entre en scène. Elle a pour mission de prendre la première ligne de tranchées et de reconnaître la seconde à travers un paysage lunaire criblé de cratères. Malgré leur volonté inflexible de résister, les survivants français ne peuvent que retarder l'avancée allemande et sont dans l'incapacité de la repousser. Pour ajouter à l'horreur de la situation, les Allemands décident d'utiliser une nouvelle arme sur les Français : le lance-flammes, qui réduit les soldats à l'état de torches humaines. Fusils, baïonnettes, mitrailleuses, grenades, mines, gaz extrêmement toxiques, tout sera permis à Verdun. Désemparés, les Français sont contraints d'abandonner la première ligne de tranchées afin de se replier sur les positions fortifiées. L'avancée allemande est certes moins forte que prévu, mais la mission de ce premier jour est remplie.

L'assaut se poursuit les jours suivants avec la même violence. Le 24 février, seuls les forts et quelques poignées d'hommes barrent encore la route des Allemands, mais le fort de Douaumont est maintenant à découvert. Son attaque a lieu le 25 février. Précédés par les tirs de l'artillerie, les soldats allemands foncent sur le fort et n'y découvrent qu'une garnison de 60 hommes déjà âgés qui se rendent sans combattre. Cette victoire retentit dans toute l'Allemagne. Verdun n'est plus qu'à sept kilomètres. Cependant, l'armée française n'a pas dit son dernier mot.

LE SAUVEUR DE VERDUN

Face à la situation désastreuse dans laquelle se trouve l'armée française, le général Joseph Joffre envoie la 2ᵉ armée au secours de Verdun, dont le commandant est le général Philippe Pétain, au secours de Verdun. Ce dernier prend ainsi la relève sur la rive gauche de la Meuse, mais il est également chargé de diriger les opérations sur la rive droite, qu'il faut défendre coûte que coûte. Il décide alors de rassembler l'artillerie et de faire subir aux Allemands les mêmes souffrances que celles endurées par les Français.

Arrivé au front le 26 février, Philippe Pétain réorganise également la logistique en une journée seulement. La ligne de chemin de fer étant trop vétuste pour être utilisée, il ne subsiste qu'une seule voie d'accès à Verdun. Il s'agit d'une petite route départementale d'à peine six mètres de large reliant Bar-le-Duc à Verdun. Cette petite route est donc la seule à pouvoir ravitailler l'armée et sera baptisée par Maurice Barrès (écrivain et homme politique français, 1862-1923) la « voie sacrée ». Philippe Pétain réquisitionne 3 000 camions venus de toute la France et chaque jour, 24 h/24, ils circulent pare-chocs contre pare-chocs pour ravitailler l'armée. Environ 6 000 passages sont effectués par jour, soit un toutes les 14 secondes.

Afin de maintenir le moral des troupes, Philippe Pétain organise également la rotation des corps d'armée si bien qu'en quelques mois, les deux tiers de l'armée française combattent à Verdun. Cela contribue donc à conférer à la bataille l'image du combat de toute une nation et participe à la mémoire collective de l'horreur du champ de bataille. Certes, les troupes disposent de temps de repos, mais la crainte continuelle de retourner dans cet enfer est toujours présente.

Jusque-là, le plan d'Erich von Falkenhayn fonctionne. L'armée française est concentrée sur Verdun, mais les avancées allemandes ralentissent progressivement et les pertes augmentent dans leurs rangs. En mars, l'artillerie française ne cesse de bombarder les lignes allemandes sur la rive gauche de la Meuse. Le commandement allemand décide alors de lancer une offensive dans cette région et de prendre la colline dite de « l'Homme mort » et la côte 304 qui mène au fort de Vaux. Les différentes tentatives se soldent par des échecs. Ainsi, fin mars, les pertes allemandes s'élèvent à 80 607 victimes, soit 7 000 de moins que les Français. Il faut attendre le début du mois de mai pour que la côte 304 – qui ne fait plus que 297 mètres au lieu de 304 mètres initialement – tombe aux mains des Allemands, suite à un bombardement de l'artillerie allemande encore plus puissant que celui qui eut lieu le 21 février. Peu de temps après, la colline de l'Homme mort est également prise par les Allemands. Toutefois, le prix de cette victoire est effroyable.

Avec le retour de l'été, les conditions de vie des soldats deviennent intolérables. Partout, des cadavres recouvrent le sol, qui n'est plus qu'une mer de boue. La chaleur rend l'air de plus en plus irrespirable à cause de la décomposition des corps déchiquetés par les obus. La dysenterie touche désormais les soldats des deux camps.

L'ISSUE DE LA BATAILLE : UN MASSACRE INUTILE

En mai, Joseph Joffre décide de remplacer Philippe Pétain par le général Georges Robert Nivelle afin d'opter pour une attitude plus offensive à Verdun et préserver les réserves. Contrairement à son prédécesseur, Georges Robert Nivelle se soucie peu des pertes humaines et lance une série d'offensives toutes plus meurtrières les unes que les autres. À ce stade, la bataille n'est plus contrôlée et chaque camp harcèle continuellement l'autre dans une guerre d'usure.

Début juin, l'avancée allemande se poursuit tout de même avec la prise du fort de Vaux, gardé par 500 hommes, au prix de combats acharnés avec la résistance française. Le prochain objectif allemand est le fort de Souville. Ce dernier est atteint le 11 juillet et constitue l'apogée de l'avancée allemande. Face à une forte résistance de l'armée française, les Allemands n'iront pas plus loin et sont même repoussés hors du fort de Souville le lendemain.

Entre-temps, un nouveau front est créé le 1er juillet dans la région de la Somme. Cette bataille permet de changer le paysage stratégique du front. Obligé d'envoyer des troupes dans ce secteur, Erich von Falkenhayn est contraint de placer l'armée de Verdun en position défensive et d'en réduire l'effectif. Cette situation entraîne la

chute du général qui est remplacé par le général
Paul von Hindenburg le 29 août.

BON À SAVOIR

La bataille de la Somme a lieu du 1er juillet
au 19 novembre 1916. Elle est lancée par les
soldats franco-britanniques sur ordre du
général Joseph Joffre, afin de désengorger le
front de Verdun et de prendre des points de
communication stratégiques. Leur tactique
consiste également à fatiguer les forces
allemandes qui ne sont pas prêtes à combattre sur ce secteur. En cinq mois à peine,
on estime à 1,2 million le nombre de victimes au total (morts, blessés et disparus).

Paul von Hindenburg réorganise l'armée
allemande en stricte position défensive le
2 septembre. Cette décision marque l'échec des
Allemands. À partir du 24 octobre, le territoire
perdu et les forts sont repris les uns après les
autres par les Français. Le 15 décembre, une
nouvelle attaque française repousse la ligne
de front de trois kilomètres au-delà du fort de
Douaumont et le 19 décembre, la situation est

revenue à la normale. L'agonie de Verdun se termine par une victoire française.

Au final, les gains de part et d'autre sont nuls. Personne n'a pu prendre l'avantage et le massacre engendré par les combats n'a servi à rien. Les pertes sont lourdes :

- le camp français compte 146 000 morts et 216 000 blessés ;
- tandis que du côté allemand on dénombre 140 000 morts et 196 000 blessés.

La bataille de Verdun est ainsi devenue la seconde bataille la plus meurtrière de la Première Guerre mondiale, après la bataille de la Somme. La stratégie d'Erich von Falkenhayn a autant « saign[é] à blanc » (*ibid.*, p. 346) l'armée française que l'armée allemande. Son erreur a été de croire que les Français feraient ce que l'armée allemande attendait d'eux, à savoir perdre pied à cause d'un moral vacillant. Or à Verdun, on a assisté au combat de toute une nation pour protéger la France.

RÉPERCUSSIONS DE LA BATAILLE

UNE BATAILLE LOURDE DE CONSÉQUENCES

Les historiens sont aujourd'hui unanimes pour qualifier la bataille de Verdun d'aberration sanglante qui a mené au massacre inutile de milliers de soldats. En effet, en plus des pertes occasionnées, le résultat est désastreux. Au sortir de la bataille :

- aucun déplacement stratégique n'a pu être effectué puisque les deux camps ont retrouvé leur position initiale ;
- les soldats allemands et français sont épuisés et marqués à vie par des blessures très lourdes, à tel point qu'on parle de « gueules cassées » pour désigner les victimes ;
- la guerre n'est pas prête de se terminer, contrairement aux volontés allemandes.

Néanmoins, la bataille de Verdun a plusieurs conséquences, dont le déclenchement de la bataille de la Somme en juillet 1916. Celle-ci a infligé de lourdes pertes tant aux Français qu'aux Allemands qui finissent par rendre toute victoire sur le front occidental impossible. La bataille de la Somme est initiée parallèlement à la bataille de Verdun pour tenter notamment de ralentir l'offensive allemande et ainsi attirer l'ennemi sur un autre secteur. Or il s'agit de la bataille la plus meurtrière de la Première Guerre mondiale, puisqu'on estime aujourd'hui qu'il y a eu au total 1,2 million de victimes.

L'ENTRÉE EN GUERRE DES ÉTATS-UNIS

Ces échecs sont importants pour l'Allemagne qui risque l'asphyxie économique à cause de son encerclement par les puissances de l'Entente. Dès lors, en 1917, l'empereur allemand, Guillaume II (1859-1941), n'a d'autre choix que d'autoriser la guerre sous-marine à outrance. En torpillant tout navire se rendant en Angleterre, le commandement allemand espère ainsi décourager les Britanniques et les faire sortir de cette guerre. Une fois les Britanniques mis hors du conflit, l'Allemagne pourrait alors venir plus facilement à bout des Français. Cependant, loin de décourager le Royaume-Uni, la guerre sous-marine finit par impliquer les Américains dans le conflit.

En 1914, les États-Unis choisissent la neutralité, mais cette position évolue sensiblement jusqu'en 1917. Déjà en 1915, un sous-marin allemand avait fait couler un paquebot civil britannique, le *Lusitania*, qui transportait 128 ressortissants américains, ce qui avait bouleversé l'opinion publique aux États-Unis. La politique de 1917 en Allemagne ne fait qu'aggraver les choses et la situation se détériore plus encore à la suite d'une tentative allemande d'impliquer le Mexique dans une guerre contre les États-Unis. Ces derniers déclarent la guerre à l'Allemagne le 2 avril 1917 et changent de ce fait le rapport de force sur le front occidental, malgré la fin de la guerre à l'est (grâce au traité de Best-Litovsk ratifié en mars 1918 par les empires centraux).

Par voie de conséquence, la bataille de Verdun modifie donc la politique allemande, ce qui entraîne l'implication des États-Unis dans la guerre. Cette dernière prend alors une tout autre tournure et précipite la chute de l'Empire allemand.

UN SECTEUR DÉVASTÉ

À Verdun, les conséquences de la bataille sont irréparables. Certes, les arbres et l'herbe ont repoussé, mais le paysage est marqué pour toujours par les cratères d'obus dont certains n'ont pas encore explosé. Plusieurs villages ont même été éradiqués de la carte après la bataille. Ils sont désormais réduits à l'état de villages fantômes, totalement désertés, où ne subsiste souvent qu'une seule chapelle construite après la bataille.

Enfin, l'horreur de Verdun qui a vu passer tant de soldats français et allemands est devenue le symbole des tragédies de la Première Guerre mondiale. Une fois le conflit terminé, la construction d'un mémorial et d'un ossuaire est d'ailleurs entamée pour rappeler à tous l'atrocité des combats. Toutefois, le massacre de Verdun n'empêchera pas le monde de sombrer dans un nouveau conflit mondial en 1939.

Quelques années plus tard, comme une répétition de l'histoire, la bataille de Stalingrad (17 juillet 1942-2 février 1943) se conclura de la même manière qu'à Verdun : une armée offensive allemande en échec face à la résistance russe, au détriment d'une ville entièrement détruite et des milliers de victimes de part et d'autre.

EN RÉSUMÉ

1915

Déc. : Erich von Falkenhayn planifie l'offensive de Verdun

1916

21 fév. : Assaut sur Verdun

26 fév. : Arrivée de Philippe Pétain sur le front

Mai : Philippe Pétain est remplacé par Georges Robert Nivelle

1er juil. : Début de la bataille de la Somme

29 août : Erich von Falkenhayn est remplacé par Paul von Hindenburg

18 nov. : Fin de la bataille de la Somme

19 déc. : Fin de la bataille de Verdun

- La bataille de Verdun de 1916 est un combat majeur de la Première Guerre mondiale. Cette dernière débute en 1914 suite à l'attentat de l'archiduc François-Ferdinand à Sarajevo. Le jeu des alliances entre les États européens finit par créer un conflit généralisé.

- L'Allemagne déclare la guerre à la France et à la Russie. Afin d'éviter d'être confrontée à deux fronts, elle décide d'attaquer d'abord la France et de la battre rapidement.

- Néanmoins après une avancée importante, l'armée allemande est arrêtée. Les soldats s'enterrent dans les tranchées.

- Dans le but de briser cet immobilisme, le général allemand Erich von Falkenhayn décide de lancer une offensive sur Verdun, clé de voûte du front français.

- Après plusieurs semaines de préparation, l'assaut est donné le 21 février 1916. La première phase de l'offensive consiste à bombarder sans relâche le terrain avec l'artillerie. Durant des heures, les canons pulvérisent les alentours de Verdun. Ensuite, l'infanterie allemande prend la relève et repousse l'armée française.

- Face à cette situation catastrophique, l'État-major français donne le commandement de l'armée à Philippe Pétain. Ce dernier, véritable sauveur de Verdun, organise le ravitaillement en munitions et met en place une rotation des troupes.

- L'avancée allemande se poursuit jusqu'au 11 juillet. Toutefois, le lancement de la bataille de la Somme le 1er juillet et la chute d'Erich von Falkenhayn en août marquent le déclin de l'offensive allemande à Verdun.
- Au final, le front reprend sa position de départ. La bataille est perçue comme un massacre inutile qui a occasionné de lourdes pertes :
  - du côté français, on dénombre 146 000 morts et 216 000 blessés ;
  - du côté allemand, on dénombre 140 000 morts et 196 000 blessés.

Votre avis nous intéresse !
Laissez un commentaire sur le site de votre
librairie en ligne et partagez vos coups de cœur sur
les réseaux sociaux !

POUR ALLER PLUS LOIN

SOURCES BIBLIOGRAPHIQUES

- « La Bataille de Verdun », in *Site de la Communauté de Communes de Verdun et de la Ville de Verdun*, consulté le 7 août 2013. http://www.verdun.fr/Terre-d-Histoire/Verdun-et-la-Grande-Guerre/La-Bataille-de-Verdun

- « Première Guerre mondiale. La Société des Nations », in *Histoire universelle. Les Guerres mondiales*, Paris, Hachette, 2007.

- CHAUTARD (Sophie) et FÉKI (Masri), « Verdun (21 février-18 décembre 1916) », in *Les Grandes Batailles de l'histoire*, Nanterre, Studyrama, 2012.

- GENEVOIX (Maurice) et *alii*, Verdun 1916. *Actes du colloque international sur la bataille de Verdun (6-7-8 juin 1975)*, Nancy, Association Nationale du Souvenir de la Bataille de Verdun, 1976.

- HARDIER (Thierry) et JAGIELSKI (Jean-François), *Combattre et mourir pendant la Grande Guerre. 1914-1925*, Paris, Imago, 2001.

- KRUMEICH (Gerd) et AUDOIN-ROUZEAU (Stéphane), « Les Batailles de la Grande Guerre », in *Encyclopédie de la Grande Guerre. 1914-1918*, Paris, Bayard, 2004.

- LE NAOUR (Jean-Yves), « Erich von Falkenhayn », in *Dictionnaire de la Grande Guerre*, Paris, Larousse, 2008.

- LE NAOUR (Jean-Yves), « Philippe Pétain », in *Dictionnaire de la Grande Guerre*, Paris, Larousse, 2008.

- LE NAOUR (Jean-Yves), « Verdun », in *Dictionnaire de la Grande Guerre*, Paris, Larousse, 2008.

- MIQUEL (Pierre), *Mourir à Verdun*, Paris, Tallandier, 1995.

- PRIOR (Robin) et WILSON (Trevor), *La Première Guerre mondiale. 1914-1918*, Paris, Autrement, 2001.

SOURCES COMPLÉMENTAIRES

- BECKER (Jean-Jacques) et KRUMEICH (Gerd), *La Grande Guerre. Une histoire franco-allemande*, Paris, Tallandier, 2012.

- CANINI (Gérard), *Combattre à Verdun. Vie et souffrance quotidiennes du soldat (1916-1917)*, Nancy, Presses universitaires de Nancy, 1988.

- CARLIER (Claude) et PEDRONCINI (Guy), *La Bataille de Verdun*, Paris, Economica, 1997.

- CASTEX (Henri) et CASTEX (Anatole), *Verdun. Années infernales. Lettres d'un soldat au front (août 1914-septembre 1916)*, Paris, Imago, 2008.

- CONRAD (Philippe), *Verdun. La Bataille d'usure*, Paris, Atlas, 1979.

- GILLET (Louis), *La Bataille de Verdun*, Val-de-Marne, LaVille Éditions, 2013.

- LEFEBVRE (Jacques-Henri), *Images de la bataille de Verdun*, Fontainebleau, Le Fantascope, 2008.

- LEFEBVRE (Jacques-Henri), *Verdun. La Plus Grande Bataille de l'histoire racontée par les survivants*, Verdun, Éditions du Mémorial, 2000.

- LOISEAU (Laurent) et BÉNECH (Géraud), *Carnets de Verdun*, Paris, Librio, 2006.

- PÉTAIN (Philippe), *La Bataille de Verdun*, Paris, Payot, 1929.

- SOUDAGNE (Jean-Pascal) et VERNEY (Jean-Pierre), *La Bataille de Verdun*, Rennes, Ouest-France, 2009.

FILM ET DOCUMENTAIRES

- *Verdun, visions d'histoire*, documentaire de Léon Poirier, France, 1928.

- *Les Sentiers de la gloire (Paths of Glory)*, film de Stanley Kubrick, avec Kirk Douglas, Ralph Meeker et George Macready, États-Unis, 1957.

- *Le Siècle de Verdun*, documentaire de Patrick Barberis, avec Antoine Prost, Pierre Laborie, Gert Krumeich, France, 2006.

- *Verdun, aux portes de l'enfer*, documentaire d'Olivier Halmburger et Stefan Brauburger, Allemage, 2006.

MUSÉES ET BÂTIMENTS COMMÉMORATIFS

- Le mémorial de Verdun situé sur le site de la gare de Fleury-devant-Douaumont.

- L'arrière-front allemand situé sur le canton de Spincourt.

- Le fort de Douaumont.

- L'ossuaire de Douaumont.

- Le fort de Vaux.

- Le village détruit de Fleury.

ISBN ebook : 978-2-8062-5395-8
ISBN papier : 978-2-8062-5574-7
Dépôt légal : D/2014/12603/1
Photo de couverture : La photo reproduite est réputée libre de droits.

Conception numérique : Primento, le partenaire numérique des éditeurs